Made in the USA
Monee, IL
12 June 2022

97917089R00066